CONVENTIONS

MATRIMONIALES

DES OFFICIERS

DES ARMÉES DE TERRE ET DE MER

·PAR

M. Georges VIDAL

PROFESSEUR AGRÉGÉ A LA FACULTÉ DE DROIT DE TOULOUSE

———

TOULOUSE

IMPRIMERIE DOULADOURE-PRIVAT

RUE SAINT-ROME, 39

—

1880

520.

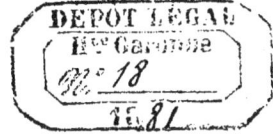

CONVENTIONS

MATRIMONIALES

DES OFFICIERS

DES ARMÉES DE TERRE ET DE MER

PAR

M. Georges VIDAL

PROFESSEUR AGRÉGÉ A LA FACULTÉ DE DROIT DE TOULOUSE

TOULOUSE

IMPRIMERIE DOULADOURE-PRIVAT

RUE SAINT-ROME, 39

—

1880

Extrait de la *Revue pratique de Droit français*.

CONVENTIONS MATRIMONIALES

DES

OFFICIERS DES ARMÉES DE TERRE ET DE MER

Le mariage est de tous les actes de la vie le plus important et le plus dangereux à la fois. L'avenir nouveau qu'il ouvre sera joyeux ou misérable pour les époux et la future famille, suivant les conditions personnelles et sociales, morales et pécuniaires qui ont présidé à cette union, et qui varient avec les personnes et leur situation.

Le législateur doit-il, pour le bien général des familles et de la société, prendre d'office la direction des intérêts privés et imposer aux futurs époux un système de protection destiné à les mettre, eux et leur postérité, à l'abri d'entraînements trop faciles, ainsi que des souffrances et des misères qui en sont la conséquence?

Quelques-uns l'ont pensé, et nous voyons certains pays de l'Allemagne et de la Suisse soumettre à des autorisations ou à des règles de protection le mariage des indigents[1]. Cependant la plupart, la législation française

1. Code général de la Prusse, partie II, tit. I, §§ 58-67; Code civil de l'Autriche, §§ 52 et 53. Cette sorte d'empêchement a été abolie en Suisse par la Constitution fédérale du 29 mai 1874, art. 54.

notamment, ont pensé que l'abus de la protection était souvent funeste et produit presque toujours des résultats précisément opposés à ceux qu'on en attendait; pour le mariage, la multiplication trop considérable des empêchements conduit fatalement à l'encouragement du concubinage, et ne fait qu'augmenter les dangers sociaux. Le système le plus sage, celui de la liberté entière dont les époux capables usent à leurs risques et périls, a été adopté par notre Code civil, qui a, du reste, eu soin d'établir les conditions nécessaires pour assurer un consentement éclairé, libre et réfléchi.

Toutefois, certaines catégories de personnes semblent appeler plus spécialement l'intervention d'une protection que justifie leur situation sociale : ce sont les fonctionnaires ou employés du gouvernement et les officiers des armées de terre et de mer.

Les fonctionnaires occupent dans la société un rang et une condition inséparables de la dignité et de la considération publique; on comprend donc que l'autorité à laquelle ils sont subordonnnés soit appelée à apprécier la convenance de l'union projetée, et puisse l'empêcher, s'il y a lieu. Aussi quelques législations étrangères ont-elles soumis ces unions à l'autorisation préalable des supérieurs hiérarchiques[1].

La législation française est demeurée fidèle à ses principes libéraux, estimant que la révocabilité absolue, sauf de rares exceptions, est une garantie suffisante contre des entraînements de nature à compromettre trop gravement l'honorabilité et la situation sociale des fonctionnaires.

---

1. Grand-duché de Bade, ordonnance des 12 et 21 mai 1872; Prusse, Allem., Landrecht, partie II, tit. I, § 35; Bavière, ordonnance royale publiée dans les *Novellen zum bayerischen Landrecht*, pp. 43 et suiv.

Quant aux intérêts pécuniaires, il n'y avait pas de raison spéciale d'être plus rigoureux pour eux que pour les autres citoyens.

Les officiers de terre et de mer, au contraire, sont dans une condition plus dangereuse, et pour laquelle une protection supérieure n'est pas inutile. Sans parler d'entraînements, peut-être plus faciles pour eux, éloignés de bonne heure de leurs familles et des salutaires conseils de l'expérience, sans insister davantage sur l'intérêt de la dignité et de la considération nécessaires à l'armée, n'est-il pas vrai que les soucis d'un avenir pénible pour une femme et des enfants pourra quelquefois gêner et rendre plus difficiles, ce dévouement, cette abnégation, ce sacrifice sans réserve de la vie que doivent à la patrie tous ceux qui sont voués à sa défense? Dans le cas où, par suite de cet élan généreux qui fait la gloire de nos armées, l'officier n'hésiterait pas à sacrifier ses jours, l'État ne doit-il pas se préoccuper des intérêts de la famille que laisse après lui son défenseur, voué dès avant son mariage aux hasards cruels de la guerre? Ne vaut-il pas mieux, dès lors, éviter des situations aussi pénibles par quelques entraves préventives, peu gênantes, du reste, eu égard à leurs effets salutaires, au lieu d'avoir à réparer un mal dont le remède est toujours bien insuffisant?

C'est ce qu'ont pensé presque toutes les législations étrangères et le but qu'elles ont atteint, en soumettant, avec des rigueurs différentes du reste, le mariage des officiers à l'autorisation de leurs supérieurs[1]. C'est ce

1. Autriche, Code civil, § 54; Prusse, Allem., Landrecht, partie II, tit. I, §§ 34, 35, 938, le Code militaire pour l'Allemagne du 20 juin 1872, art. 150, et la loi militaire de l'Empire du 2 mai 1874, art. 40; Allemagne tout entière, Code de 1872, et loi de 1874 pré-

qui fut réalisé déjà chez nous, sous l'ancien régime, par une ordonnance du 1er février 1685 et un règlement du 1er juillet 1788. Si la Convention, par décret des 8 et 9 mars 1793, effaçant toute trace des anciens règlements, appliqua ici les principes de liberté qu'on venait de conquérir, les dangers et les chances de la guerre augmentèrent tellement sous l'Empire qu'il devint nécessaire de protéger, par des mesures préventives et restrictives, la famille de ceux qui faisaient à la patrie le sacrifice de leur existence. Le décret du 16 juin 1808 rétablit, sous des peines disciplinaires sévères, le droit souverain de contrôle et d'autorisation au profit des ministres de la guerre et de la marine. Ce principe général, étendu par des décrets ultérieurs à toutes les armes et à tous les corps se rattachant au service des armées, a été conservé comme salutaire à la bonne organisation de l'armée, et il est encore aujourd'hui en vigueur.

Il faut, du reste, remarquer que cette réglementation restrictive de la liberté ne s'applique qu'aux militaires en activité de service et non à ceux qui, depuis la nouvelle organisation de notre armée par la loi du 27 juillet 1872 et les décrets ou autres actes qui en ont réglé les détails d'exécution, occupent des emplois d'officiers auxiliaires dans la disponibilité, les réserves et l'armée territoriale. Cette distinction, faite également par l'article 40 de la loi du 2 mai 1874, sur l'organisation de l'armée allemande, répond parfaitement aux nécessités qui ont déterminé le contrôle sur les unions des militaires. Les mêmes chances de guerre existent bien pour les officiers auxiliaires, et ils courent, il est vrai, les mêmes dangers que ceux de l'armée

cités; Russie, Code civil, liv. I, tit. I, art. 7, 8, 9; Belgique, régie par la législation civile française, sauf de légères différences; Portugal, § 150.

active; mais, si de justes et impérieux devoirs ont rendu commun à tous les citoyens le sacrifice de leur vie à la commune patrie, leur situation n'en est pas moins bien différente au point de vue qui nous occupe. Tandis que les officiers en activité de service remplissent une fonction des plus honorables, mais en général peù rétribuée, et doivent, par conséquent, trouver dans l'union qu'ils contractent les moyens pécuniaires de venir en aide, en cas de malheur, à la famille qu'ils vont fonder, les officiers à titre auxiliaire sont, en temps de paix, de simples citoyens; s'ils doivent venir au secours de la patrie en temps de guerre, ils peuvent, tant qu'ils ne sont pas appelés sous les drapeaux, remplir les fonctions et emplois civils dans lesquels ils trouveront des moyens pécuniaires plus faciles d'assurer l'avenir de leur famille. Les sages mesures de protection établies pour les militaires en activité de service ne pouvaient donc, sous peine de changer de caractère et de devenir absolument vexatoires, être étendues à tous les citoyens français éventuellement appelés à la défense de la patrie.

Les ministres chargés d'exercer ce pouvoir supérieur de protection ont successivement fait connaître les conditions nécessaires pour pouvoir demander l'autorisation et prétendre l'obtenir. Tout en mettant en première ligne les conditions de convenance et d'honorabilité qui ne sont pas, du reste, susceptibles d'indications plus précises, les ministres ont surtout insisté sur la situation pécuniaire de la future épouse, à laquelle désire s'allier l'officier, et sur les conventions matrimoniales qui assureront, en cas de malheur toujours à prévoir dans l'armée, l'avenir de la famille.

Ces règles restrictives et protectrices des mariages des officiers ont été posées dans des circulaires ou instructions ministérielles, et nous croyons sur ce point notre législation supérieure aux législations étrangères; tandis qu'une partie de celles-ci prononcent la nullité des unions contractées par les officiers au mépris des règlements, la législation française se contente de simples peines disciplinaires, et les circulaires ministérielles qui contiennent ces règles présentent précisément le caractère désirable pour obtenir un résultat équitable.

Leur inobservation entraîne la destitution de l'officier qui s'est marié sans autorisation; on ne pouvait aller plus loin. L'officier, ne faisant plus partie de l'armée et redevenu simple citoyen, échappe aux périls qui ont motivé la protection dont il n'a pas voulu; il doit donc rester dans la situation ordinaire des simples citoyens, et, quelque défavorable que soit l'union qu'il a contractée, elle doit être respectée, puisqu'il l'a librement consentie.

La sanction de ces circulaires est, on le voit, dirigée contre l'officier; elle serait suffisante si les conventions matrimoniales qui doivent régir son union étaient sincèrement consenties et rédigées; mais, pour obtenir l'autorisation nécessaire et cependant éluder les dispositions restrictives des circulaires, des fraudes nombreuses ont été commises, et les officiers en ont été souvent les premières victimes.

La sanction rigoureuse de la destitution ne peut donc être prononcée dans ce cas, de sorte que les circulaires restent alors impuissantes et l'intérêt général de l'armée sans défense.

L'application de ces règlements militaires a soulevé de nombreuses difficultés pratiques, et des questions juridiques neuves et intéressantes, par suite des fraudes que nous venons de signaler. Nous voudrions pouvoir donner une idée exacte et précise de ces questions, sur lesquelles la Cour d'appel de Limoges a été appelée à statuer récemment, par arrêt du 13 juillet 1878 (Pal., 1878, 1122; D. P., 79, 2, 181), en montrant que les fraudes sont plus dangereuses et plus difficiles à empêcher que ne semblent l'indiquer les motifs invoqués par cette Cour, que les dispositions actuellement en vigueur sont insuffisantes, et qu'une réforme est peut-être désirable.

Personne n'ayant, à notre connaissance, songé à porter son attention sur ce point, cependant important[1], nous croyons que cette étude peut offrir quelque intérêt.

Sans remonter aux dispositions des premières circulaires intervenues sur ce point, nous nous bornerons à indiquer d'abord celles qui ont été le point de départ de la réglementation sérieuse, organisée par les ministres, et en constituent encore aujourd'hui la base.

Citons d'abord le texte de cette circulaire :

Décision ministérielle du 17 *décembre* 1843.

« L'expérience a démontré l'insuffisance des prescrip-
« tions réglementaires en vigueur concernant les condi-

---

1. La situation juridique des officiers et militaires a, il est vrai, fait l'objet de travaux récents : *Condition civile des militaires en droit français*, par M. Pezeril (*Revue pratique de droit français*, t. XXVIII, 1869, 2ᵉ semestre, pp. 241-271; t. XXIX, 1870, 1ᵉʳ semestre, pp. 36-76, 540 569; t. XXX, 1870, 2ᵉ semestre, pp. 60-83). — *Contrat de mariage des militaires* (formalités à remplir), par M. Lansel (*Revue du notariat et de l'enregistrement*, t. XVI, 1875, pp. 454-462). — Mais ces deux études sont l'une et l'autre étrangères à l'objet sur lequel nous portons notre attention : la première passe sous silence les conventions matrimoniales des officiers et ne s'occupe que de leur mariage comme acte de l'état civil; la seconde est un simple exposé pratique des formalités exigées pour la rédaction du contrat de mariage par les circulaires dont le texte y est reproduit en entier; mais aucune des difficultés sérieuses au point de vue juridique auxquelles peut donner lieu cette rédaction n'y est examinée ni même indiquée.

« tions et justifications imposées aux officiers qui dési-
« rent obtenir l'autorisation de se marier.

« Dans le but de faire cesser les graves inconvénients
« auxquels cet état de choses donne lieu, tant pour
« l'armée que pour les officiers eux-mêmes, j'ai arrêté
« les dispositions suivantes, qui ne sont d'ailleurs que la
« conséquence des prescriptions du décret du 16 juin 1808,
« de la loi du 11 avril 1831 sur les pensions, de celle
« du 19 mai 1834 sur l'état des officiers, et de l'avis du
« Conseil d'État du 16 mars 1836 :

« 1° Les officiers de tous grades et de toutes armes ne
« pourront obtenir la permission de se marier qu'autant
« que la personne qu'ils rechercheront leur apportera
« en dot un revenu non viager de 1,200 fr. au minimum.

« 2° Toute demande d'un officier tendant à obtenir la
« permission de se marier devra être transmise au mi-
« nistre de la guerre par la voie hiérarchique.

« 3° Chaque demande sera accompagnée :

« D'un certificat constatant l'état des parents de la
« future, le sien, la réputation dont elle jouit, ainsi que
« sa famille, le montant et la nature de la dot qu'elle
« doit recevoir, et la fortune à laquelle elle peut pré-
« tendre. Ce certificat sera délivré par le maire du do-
« micile de la future et approuvé par le sous-préfet de
« l'arrondissement.

« D'un extrait du projet de contrat de mariage relatant
« l'apport de la future.

« 4° Le chef de corps, le général de brigade et le gé-
« néral de division devront, en transmettant la demande,
« y joindre leur avis motivé sur la moralité de la future
« épouse, sur la constitution de sa dot et sur la conve-
« nance de l'union projetée. A cet effet, ils devront
« recueillir, par l'intermédiaire de l'autorité militaire du

« domicile de la future, et donner des renseignements
« analogues à ceux que doit constater l'autorité civile.

« Les demandes des officiers de troupes employés
« dans un service spécial, sans cesser d'appartenir à
« leur corps, seront accompagnées, en outre, de l'avis
« motivé du chef de service.

« 5° Lorsque la future résidera dans une division
« autre que celle du futur, le général de division de
« cette dernière division se concertera avec celui de
« l'autre division pour obtenir les renseignements indi-
« qués plus haut.

« 6° Dans tous les cas, les documents qu'aura obtenus
« l'autorité militaire devront être transmis en même
« temps que la demande à laquelle ils se rattachent.

« 7° Dans le mois de la célébration du mariage, l'offi-
« cier fera parvenir, par la voie hiérarchique, au minis-
« tre de la guerre, un extrait du contrat de mariage,
« en ce qui concerne l'apport de la femme, délivré par
« le notaire dépositaire de l'acte.

« 8° Les permissions de mariage qui auront été obte-
« nues ne seront valables que pendant six mois, à par-
« tir de leur date, sauf au titulaire à en demander le
« renouvellement, s'il y a lieu, par la voie hiérarchique.

« Cette dernière demande indiquera les rectifications
« que devraient subir les premiers renseignements four-
« nis et dont, suivant leur nature, il serait justifié dans
« la forme voulue.

« 9° Les officiers qui auraient contrevenu aux dispo-
« sitions ci-dessus, ou produit sciemment des pièces dont
« l'énoncé serait reconnu inexact, encourraient une peine
« sévère, conformément à la législation en vigueur.

« 10° Ces diverses dispositions, qui abrogent les circu-
« laires ou décisions des 10 août 1808, 15 février 1815,

« 23 mars 1817, et 30 mai 1818, sont applicables à l'in-
« tendance militaire, ainsi qu'aux officiers de santé et
« d'administration. Les chefs de service se conformeront
« à ce qui est prescrit ci-dessus aux chefs de corps, et
« les intendants divisionnaires aux règles tracées aux
« généraux commandants.

« Je ne doute pas que l'autorité civile n'apporte l'at-
« tention la plus scrupuleuse dans l'établissement des
« certificats qu'elle aura à délivrer, et je compte que
« Messieurs les chefs de corps ou de service, les géné-
« raux et intendants militaires, chacun en ce qui le con-
« cerne, concourront également, d'une manière efficace,
« au but des instructions qui précèdent, par le soin qu'ils
« mettront à instruire les demandes de permission de
« mariage qui devront m'être soumises. »

Cette circulaire montre suffisamment combien le ministre, appelé à autoriser les unions projetées, prend
souci de la situation morale et pécuniaire de la femme à
laquelle un officier désire s'allier.

Nous n'insisterons pas sur la considération morale, qui
ne présente aucun intérêt juridique; quant à la situation
pécuniaire exigée pour que le mariage soit autorisé, elle
est telle que la future doit apporter à son mari une dot
dont le revenu non viager soit de 1,200 fr. au minimum.
L'existence réelle de cette dot est considérée, non-seulement comme d'intérêt privé, mais encore et surtout
comme d'intérêt général pour l'armée.

L'autorité appelée à statuer sur le mariage a, en conséquence, un droit de contrôle sur les conventions matrimoniales, à l'effet de constater, quelles que soient du
reste les conventions laissées complétement libres, l'existence chez la future du revenu minimum.

De là la nécessité de soumettre à cette autorité le pro-

jet de contrat de mariage, et, après la célébration de
l'union, de produire un extrait de ce contrat délivré par
le même notaire qui en a été le rédacteur, extrait relatif
à l'apport de la future et destiné à permettre de constater
l'identité du projet avec le contrat de mariage définitif.

L'autorité supérieure a donc cherché à déjouer les
fraudes par lesquelles, après un projet conforme aux
dispositions de la circulaire, les parties, l'autorisation
obtenue, rédigeraient le contrat définitif sur des bases
tout différentes et feraient disparaître l'apport purement
fictif de la future.

Mais, si la circulaire du 17 décembre 1843 a rendu sur
ce point la fraude impossible, on n'a pas tardé à s'aper-
cevoir qu'elle était encore bien incomplète ; il était, en
effet, toujours bien aisé d'en éluder les dispositions et
d'obtenir l'autorisation nécessaire au mariage, malgré
l'absence de la dot réglementaire.

Cette circulaire avait négligé de fixer la nature nécessaire de l'apport dotal, en sorte que tout apport quelcon-
que, pourvu qu'il produisit le revenu *mininum* de 1,200
francs, était suffisant. Des capitaux en argent comptant
ou en titres au porteur étaient donc licites, et l'autorité
supérieure, à moins de circonstances étrangères et exceptionnelles de nature à faire découvrir la fraude, était
souvent entraînée à autoriser des unions projetées sur les
bases d'un apport purement fictif. Quoi de plus facile, en
effet, que de tromper cette autorité et d'obtenir, à l'aide
de l'expédient le plus simple et cependant d'une consta-
tation difficile, l'autorisation nécessaire au mariage ?
Il suffisait à la future de se faire prêter pendant quelques
instants, *ad pompam et ostentationem,* par un ami com-
plaisant ou un spéculateur, la somme d'argent ou les
titres au porteur nécessaires pour constituer un capital

donnant au moins le revenu réglementaire, et ce capital supposé, placé sous les yeux du notaire, représentait l'apport dont, par suite de la fraude difficile à reconnaître, l'officier public constatait l'existence au profit de la future. De nombreuses unions ont été ainsi autorisées et consommées; la protection assurée par le ministre à ses officiers dans leur intérêt et dans celui de l'armée a été souvent illusoire et ne les a pas empêchés d'être victimes de manœuvres déloyales.

Et cependant l'on ne s'est pas arrêté là; on est arrivé très-légalement, et sans employer d'expédient contraire au texte des circulaires, à éluder encore leurs entraves protectrices.

Il a suffi pour cela à la future d'emprunter cette fois sincèrement la somme nécessaire pour se constituer un capital vrai et personnel, productif du revenu réglementaire. L'apport est donc bien en réalité sa propriété; mais il se trouve au fond diminué et même anéanti par la dette contractée pour se le procurer.

Il devenait indispensable, pour assurer l'exécution complète de l'instruction de 1843, d'opérer une réforme sérieuse et de se décider à restreindre la liberté trop grande laissée aux parties.

C'est ce qu'est venue réaliser une circulaire du ministre de la guerre, en date du 3 avril 1875, dont copie a été adressée aux procureurs généraux par le garde des sceaux et dont nous transcrivons ici le texte important :

Circulaire du 3 avril 1875.

« Monsieur le procureur général,

« Monsieur le ministre de la guerre a jugé utile de « compléter par les dispositions suivantes les [prescrip-

« tions de la circulaire du 17 décembre 1843, relative
« aux permissions de mariage des officiers et assimilés :
« 1º Les déclarations d'apport de la future, avant comme
« après le mariage, seront faits désormais par acte nota-
« rié. Cet acte n'exclura pas la production du certificat
« mentionné au paragraphe 3 de la circulaire précitée ;
« 2º Il ne sera pas tenu compte, dans la composition
« de l'apport de la future, de la valeur attribuée aux
« effets, bijoux ou autres effets mobiliers composant son
« trousseau, ou qui pourront lui être donnés à l'occasion
« de son mariage ;
« 3º *L'apport dotal ne pourra être constitué ni en
argent comptant ni en valeurs au porteur ;*
« 4º La dot de la future ne saurait jamais être infé-
« rieure à un revenu personnel et non viager de 1,200
« francs au minimum ;
« Mon collègue a pensé qu'il y aurait intérêt pour
« l'exécution de ces dispositions à ce que la déclaration
« d'apport faite ainsi par les parties devant notaire, fût
« rédigée par ces officiers publics d'après une formule
« uniforme offrant toutes les garanties désirables au
« point de vue de la sincérité des déclarations.
« Ce résultat nous a paru pouvoir être atteint par
« l'adoption du modèle suivant :

Déclaration d'apport.

(A délivrer en brevet.)

Par-devant.., ont comparu :

M... (*nom, prénoms, grade et domicile du futur
époux*), d'une part,

Et Mademoiselle (*nom, prénoms, qualité et domicile
de la future épouse*), d'autre part,

« Lesquels, pour se conformer aux prescriptions des
« circulaires de M. le ministre de la guerre du 17 dé-
« cembre 1843, et du 18 février 1875, ont, dans la vue
« du mariage projeté entre eux, établi ainsi qu'il suit
« l'apport de Mademoiselle X..., future épouse :

« Dans le contrat qui doit régler les clauses et condi-
« tions de son mariage avec M... Mademoiselle..., com-
« parante, apportera en mariage et se constituera en dot
« les biens et valeurs dont la désignation suit :

(Désigner les biens composant l'apport de la future.)

« *Déclarant et affirmant sur l'honneur, ici, les com-*
« *parants, ès-mains des notaires soussignés, l'existence*
« *des biens et valeurs ci-dessus désignés, lesquels seront*
« *et demeureront affectés réellement à la constitution*
« *de dot et n'ont été empruntés ni en totalité ni en*
« *partie en vue du mariage projeté.* »

Dont acte...

Fait et passé...

« Si la future épouse était mineure, elle devrait, dans
« la déclaration dont le modèle précède, être assistée de
« ceux dont le consentement est nécessaire pour la vali-
« dité du mariage.

« Si une dot devait être constituée ou une donation
« faite à la future épouse, il y aurait lieu de faire com-
« paraître le donateur avec les futurs époux.

« Et, dans ce cas, après l'apport personnel constaté
« comme dessus, on ajouterait :

« De son côté, M... (*le donateur*) se propose, dans le
« même contrat qui doit régler les conditions civiles de
« M... avec Mademoiselle..., de faire à cette dernière une
« donation dans les termes suivants :

DÉSIGNATION DES BIENS ET VALEURS DONNÉS

« Telle est la formule de l'acte qui, par sa forme et
« son caractère, a semblé devoir le mieux réunir les con-
« ditions exigées.

« Je vous prie de vouloir bien veiller à ce que ces ins-
« tructions soient portées à la connaissance des cham-
« bres de notaires de votre ressort. »

Cette nouvelle instruction apporte au régime de 1843
une heureuse réforme, et doit, dans l'intention de son
auteur, donner aux règlements précédents une sanction
sérieusement efficace.

En effet, le nouveau principe posé par le paragraphe 3
de cette circulaire, que la dot ne peut être constituée ni en
argent comptant ni en valeurs au porteur, déjouera d'une
façon certaine la fraude autrefois si facile d'un apport
fictif. Le mariage ne sera autorisé que si la déclaration
d'apport constate la propriété personnelle et nominative
de la future; or, cette déclaration doit être textuelle-
ment reproduite sous une sanction disciplinaire contre le
notaire et l'officier, dans le contrat de mariage définitif,
dont la conformité avec le projet, sur le vu duquel a été
donnée l'autorisation, sera constatée par l'extrait envoyé
au ministre.

Restait encore cependant l'expédient que nous avons
signalé en second lieu, plus légitime, mais en fait aussi
contraire à l'esprit de l'instruction de 1843, et qui en
rendait les dispositions absolument vaines : l'emprunt de
la somme d'argent nécessaire pour se procurer les biens
ou valeurs qui doivent reposer nominativement sur la
tête de la future épouse; opération qui, en grevant cette

2

personne d'une dette, diminue ou rend nulle la valeur
de la dot réglementaire dont l'existence effective a cependant déterminé l'autorisation donnée au mariage.

Cette fraude était bien plus difficile à déjouer que la
précédente; et néanmoins la circulaire du 3 avril 1875
croit la rendre impossible par la clause insérée dans le
modèle de la déclaration d'apport que devront suivre les
notaires, et qui devra être reproduite dans le contrat de
mariage, dont la conformité avec la déclaration est,
nous l'avons vu plus haut, rigoureusement exigée. Cette
clause nouvelle consiste, de la part de la future épouse,
*à affirmer sur l'honneur que les biens et valeurs
apportés par elle n'ont été empruntés ni en totalité ni
en partie en vue du mariage projeté.*

Malgré cette précaution prise par l'instruction de 1875,
il nous paraît que la fraude est toujours possible, qu'en
conséquence la réforme opérée à cette époque n'a réussi
que sur un point et demeure encore incomplète.

La déclaration obligatoire que l'apport de la femme
n'a été emprunté ni en totalité ni en partie, n'est pas
suffisante pour rendre inefficace l'emprunt qui aurait été
fait, malgré l'affirmation contraire de la déclaration
d'apport et du contrat de mariage rédigés quant à ce
dans des termes identiques.

Ce point de vue nous a paru digne d'étude parce que,
d'une part, il intéresse les tiers qui pourront avancer les
fonds destinés à procurer l'apport réglementaire; d'autre
part, les considérants de l'arrêt de Limoges du 13 juillet
1878, seule décision rendue à notre connaissance depuis
1875, sur cette question, pourraient faire croire à un
refus possible de l'action en restitution du prêteur.

Après avoir établi que cette déclaration d'absence de
prêt, insérée dans le contrat de mariage et dans la décla-

ration d'apport, ne paralyse pas en principe l'action du
prêteur, de sorte que le but désiré par l'autorité supérieure se trouve facilement éludé, nous rechercherons
quelle est l'influence de cette déclaration sur l'action
contre les époux, suivant les divers régimes matrimo-
niaux par eux adoptés.

I

Nous signalons seulement en passant le cas où, par
suite de déclaration fausse des actes ou de non conformité entre le contrat de mariage et la déclaration d'apport, l'autorité militaire aurait été appelée à autoriser un
mariage dans lequel l'apport réglementaire ne serait pas
fourni dans les conditions exigées par l'instruction de
1875. La fraude entraînerait, en effet, ici des peines sévères contre le notaire et l'officier complices, peines qui
seront suffisantes pour l'empêcher en pratique.

Nous fixons seulement notre attention sur l'hypothèse
où, tout étant régulier, la future justifie d'un apport lui
appartenant en propre et nominativement, mais dont la
valeur réglementaire se trouve amoindrie ou même anéan-
tie en fait par un emprunt réalisé dans le seul but de se
procurer la dot.

Il est bien certain que ce résultat est en réalité contraire
au but que la circulaire considère comme d'intérêt général, l'existence chez la future d'une dot dont le revenu
minimum est de 1,200 francs; si l'emprunt est valable, la
femme sera, à défaut d'autres biens, obligée de le rem-
bourser à l'aide du capital par elle apporté; le ménage
sera ainsi privé de ce revenu minimum considéré comme
absolument nécessaire.

Nous posons cependant comme un principe certain que le prêt n'en sera pas moins valable et efficace.

Il est, en effet, incontestable que la seule prohibition prononcée contre lui, même dans un intérêt général, par une simple instruction ministérielle, ne saurait en altérer la validité : les circulaires ministérielles, quelles que soient leurs dispositions et quels que soient les intérêts qu'elles aient pour but de sauvegarder, ne sont que de simples instructions adressées aux fonctionnaires placés sous les ordres des ministres et n'ont de caractère obligatoire que pour eux; elles ne lient ni les citoyens ni les tribunaux, et leur inobservation ne saurait entraîner d'autre sanction que des peines disciplinaires contre les agents chargés de les appliquer. C'est là un point bien certain et qui ne saurait être contesté. — Dès lors, si l'instruction du 3 avril 1875 exige dans la déclaration d'apport et le contrat de mariage l'affirmation par la future que les valeurs apportées n'ont été empruntées ni en totalité ni en partie, et si par conséquent cette circulaire prohibe tout apport obtenu au moyen d'un emprunt, cette prohibition ne peut altérer en rien la valeur du prêt; la seule sanction sera une peine disciplinaire contre l'officier et le notaire de mauvaise foi qui se seraient rendus coupables de cette fausse déclaration.

Mais si la prohibition prononcée par la circulaire est impuissante, ne faut-il pas accorder plus d'effet à la déclaration émanée de la future dans son contrat de mariage?

La Cour de Limoges a refusé, par son arrêt du 13 juillet 1878, toute action au prêteur, dans des circonstances exceptionnelles de fraude et de simulation : le beau-frère de la future avait, par une lettre antérieure au mariage, promis de parfaire sans restriction la dot réglementaire

et, conformément à sa promesse, fourni à la future la
somme à l'aide de laquelle elle s'était personnellement
constitué en dot des titres nominatifs de rente sur l'État.
Le mariage une fois célébré, il entraîna les deux époux
dans sa résidence et leur fit souscrire un acte de reconnaissance de prêt pour une partie de la valeur des titres
apportés en dot. L'absence de prêt et l'existence d'une
véritable donation manuelle étaient évidentes; il parais-
sait même ressortir des faits de la cause une contrainte
ou tout au moins des manœuvres frauduleuses exercées
à l'encontre des époux, pour obtenir cette reconnaissance de prêt postérieure à la célébration du mariage.
Néanmoins, la Cour de Limoges, pour appuyer sa décision, du reste, parfaitement juste en l'espèce, semble
n'avoir pas ajouté une grande importance à ces considérations de fait cependant décisives : elle a cherché à la
justifier par les motifs juridiques suivants :

« Attendu que, sans qu'il soit nécessaire de rechercher
« si cet acte a été librement consenti, ou si, au contraire,
« comme l'affirme X... (le mari) et comme semble l'at-
« tester toute la famille de la demoiselle R... (la femme)
« qui l'a attesté à l'audience, cet acte a eu pour cause
« une contrainte exercée sur les jeunes époux, il est
« constant en fait, et reconnu par L., que l'acte n'a eu
« pour objet que de lui restituer une partie de la dot de
« la demoiselle R..., que, suivant lui, il n'avait débour-
« sée qu'à titre de prêt;

« Attendu que c'est avec raison que le tribunal de Li-
« moges a vu dans l'acte attaqué une dérogation aux con-
« ventions matrimoniales interdites par l'article 1395 du
« Code civil; — que la disposition de cet article s'appli-
« que non-seulement aux conventions faites par les époux
« eux-mêmes, mais aussi aux donations faites par des

« tiers en vue du mariage;—qu'on objecterait en vain
« que, le mariage contracté, les époux, étant libres de
« dissiper leur fortune, peuvent faire une quittance simu-
« lée de la dot ou une restitution de tout ou partie d'icelle;
« —que l'article 1395 est spécialement un obstacle à ce
« genre de dissipation, ou pour mieux dire de fraude,
« que l'ancienne jurisprudence comme la loi nouvelle ont
« voulu prévenir ;—qu'en effet, en imprimant aux con-
« ventions matrimoniales le caractère de l'irrévocabilité
« la plus absolue, le législateur n'a pas entendu statuer
« seulement sur l'intérêt privé des parties, mais qu'il
« a établi un principe d'ordre public, favorable aux
« bonnes mœurs, à la paix des familles, à l'union des
« époux;

« Attendu, à la vérité, que si la fraude est parfois
« difficile à saisir, il s'ensuit seulement qu'elle doit être
« plus énergiquement réprimée quand elle est décou-
« verte;

« Attendu qu'on soutient vainement que l'article 1395
« n'est applicable au donateur qu'au cas où il a nomina-
« tivement pris part aux stipulations du contrat de ma-
« riage;—que l'esprit de la loi a été de rendre incom-
« mutables les conventions matrimoniales ;— qu'il s'agit
« donc, dans l'espèce, de se demander si réellement L...
« a fait uniquement en vue du mariage un don manuel;
« — que ce n'est que fictivement et frauduleusement qu'il
« a fait figurer sa belle-sœur à l'acte; qu'en réalité c'est
« lui qui contractait sous le nom de celle-ci quant à la
« plus grande partie de son apport;— que si en s'abste-
« nant de comparaître au contrat de mariage, le père de
« famille ou tout autre donateur pouvait avoir la facilité
« de modifier ultérieurement à son profit les dispositions
« de ce contrat, en réduisant la dot par lui donnée à

« l'un des époux, l'article 1395 deviendrait lettre morte,
« le principe d'ordre public qu'il consacre ferait l'objet
« de scandaleuses violations ;

« Attendu, en conséquence, que l'acte dont L... entend
« se prévaloir est radicalement nul comme portant déro-
« gation, après la célébration du mariage, aux conven-
« tions matrimoniales auxquelles ledit L... a réellement
« concouru à titre de donateur ;

« *Attendu, à un autre point de vue, que, dans un*
« *intérêt également d'ordre public, qui touche à la*
« *dignité de l'armée, l'administration de la guerre*
« *exige que les contrats de mariage des officiers lui*
« *soient soumis, et n'autorise le mariage que si la fu-*
« *ture apporte une dot de 1,200 francs de rente, au*
« *minimum; qu'un acte ultérieur réduisant le chiffre*
« *stipulé au contrat est un acte frauduleux, subreptice*
« *et contraire à l'ordre public; — que sa nullité est*
« *absolue et opposable par les époux eux-mêmes, con-*
« *formément aux articles 1131, 1133 du Code civil; —*
« *que c'est par application du même principe qu'une*
« *jurisprudence inflexible annule toutes contre-lettres*
« *modifiant les prix déclarés des cessions d'offices ;*

« *Attendu que des faits déjà relatés il résulte la*
« *preuve manifeste que L..., en réduisant la dot par*
« *lui donnée à la demoiselle R..., a commis une fraude*
« *aux règlements militaires sus-indiqués et que l'acte*
« *du 18 septembre 1875, contraire à l'ordre public, a*
« *une cause illicite ; — qu'en conséquence cet acte ne*
« *peut avoir aucun effet ;*

« Par ces motifs, etc. »

La justification de notre proposition que, malgré la
déclaration d'absence de tout emprunt insérée au contrat de mariage, le prêt réellement effectué est valable,

nous fera voir ce qu'il y a de trop absolu dans quelques-uns de ces motifs.

Pour notre démonstration, deux hypothèses doivent être successivement examinées :

1º Le prêt se trouve établi par un moyen de preuve antérieur à la célébration du mariage ;

2º Le prêt n'est établi que par une reconnaissance de l'emprunteur postérieure à cette même époque.

Première hypothèse. — L'existence du prêt se trouve établie par un moyen de preuve antérieur à la célébration du mariage.

Il importe peu, du reste, qu'il soit constaté par un simple acte sous-seing privé n'ayant pas acquis date certaine avant le mariage : la question de validité et d'efficacité de ce prêt se discute, en effet, entre le prêteur et l'emprunteur, future épouse; l'article 1328 n'est donc pas applicable.

La femme ne peut, pour contester la validité de l'emprunt contracté dans le but de se procurer la dot réglementaire, opposer au prêteur la clause de mariage portant négation de tout prêt. Le prêteur a été étranger à ce contrat, et n'y a même pas été représenté, à la différence du donateur qui, suivant la Cour de Limoges, sans comparaître effectivement, fait un don écrit ou manuel à la future pour lui permettre de se constituer, elle-même, la dot nécessaire : ce donateur, se dépouillant sans restriction pour créer l'apport, peut être considéré comme donnant mandat à la future de se constituer à elle-même les valeurs dotales dans les conditions règlementaires, et, par conséquent, comme représenté dans toutes les clauses du contrat de mariage qui y sont relatives. Au contraire, le prêteur, ne livrant à la future les valeurs qu'à charge de restitution, ne peut évidemment être considéré comme représenté par l'emprunteuse dans une clause qui aurait pour effet de détruire l'action née du contrat de prêt : la renonciation aux droits et actions ne se présume jamais. La clause du contrat de mariage portant absence de prêt ne saurait donc produire d'effets qu'entre les parties contractantes en influant, comme nous le verrons ci-après, sur le régime par eux adopté; mais elle ne peut modifier les droits d'un tiers prêteur : ce n'est là que l'application du principe rationnel et juste de l'article 1165 : *les conventions n'ont d'effet qu'entre les parties contractantes; elles ne nuisent point aux tiers.*

La femme pourrait-elle invoquer avec plus de succès la violation des instructions ministérielles qui, en fixant une dot *minima*, prohibent, dans un intérêt général et d'ordre public, toute diminution même indirecte de cette valeur déclarée par contrat de mariage? — Les principes certains que nous avons rappelés déjà relativement au caractère obligatoire des circulaires ministérielles nous conduisent à rejeter encore une pareille prétention : leur violation même ouverte par de simples citoyens n'entraîne aucune sanction contre eux, ces actes n'étant obligatoires que pour les subordonnés hiérarchiques du ministre qui en est l'auteur.

L'arrêt de la Cour de Limoges semble cependant admettre en germe un argument qui tendrait à annuler le prêt comme ayant une cause illicite (art. 1131 et 1133, C. civil), puisqu'il est contraire à un règlement d'intérêt général, qu'il tend à rendre inefficace.

L'inexactitude de cette thèse est doublement manifeste : d'une part, en effet, on ne peut considérer comme ayant une cause illicite un acte dont le but est de violer un règlement sans force obligatoire ; d'autre part, il faut bien se garder de confondre la *cause* d'une obligation, le seul élément auquel se réfèrent les articles 1131 et 1133, avec son *motif,* que la loi considère comme absolument sans influence : or, la *cause* de l'obligation née du prêt à la charge de l'emprunteur n'est autre que la réception même des valeurs prêtées ; l'emprunteur est obligé de les restituer parce qu'il les a reçues ; tandis que le *motif,* c'est-à-dire la considération qui fait que la femme s'est décidée à contracter cette obligation, est, dans l'espèce, le désir d'obtenir par un expédient l'autorisation nécessaire pour contracter mariage. Or, la loi ne prend jamais en considération le motif de l'obligation ; qu'il soit vrai ou faux, sérieux ou frivole, licite ou illicite, peu importe ; le contrat sera toujours valable, pourvu que la cause soit réelle ou licite. Donc, l'emprunt doit être déclaré valable, par cela seul que la numération des espèces s'est effectivement réalisée, quel que soit le but dans lequel il a été contracté.

Il résulte de ce qui précède que, pour cette première hypothèse, l'action du prêteur sera efficace dans le cas même où il aura été de mauvaise foi, c'est-à-dire aura connu le but de l'emprunt, puisqu'à la violation de l'instruction ministérielle n'est attachée aucune sanction de nullité, et que le motif de l'emprunt est absolument sans influence sur sa validité.

La seule raison qui pourrait arrêter l'action en restitution contre la femme serait l'inexistence d'un prêt et la simulation de l'acte écrit, qui tend cependant à le reconnaître. C'est là la raison véritable qui a dû au fond, ainsi que nous allons le voir, déterminer les magistrats de Limoges à refuser toute action au prétendu prêteur et sur laquelle ils auraient dû baser leur décision.

Seconde hypothèse. — Le prêt n'est prouvé que par

une reconnaissance de l'emprunteur postérieure à la célébration du mariage.

C'est précisément l'espèce particulière sur laquelle a eu à statuer la Cour de Limoges dans l'arrêt précité.

La date de la reconnaissance ne saurait en rien altérer la validité de l'obligation contractée par la femme.

On ne peut, en effet, pour le contester, s'appuyer sur l'article 1395, qui pose le principe d'ordre public de l'immutabilité absolue des conventions matrimoniales après la célébration du mariage, et dire que cette reconnaissance d'un prêt, en contradiction formelle avec la déclaration du contrat de mariage, doit être frappée de la nullité attaché à l'inobservation de cet article. —Le principe de l'immutabilité des conventions matrimoniales a bien été établi dans un intérêt général et d'ordre public; mais il ne s'applique évidemment, et cela n'est nullement contestable, qu'aux personnes qui ont été parties dans ces conventions, soit comme contractants principaux, soit comme donateurs : l'article 1395 déroge simplement au droit commun, qui permet aux parties d'accord de modifier leurs conventions ou de renoncer individuellement aux bénéfices qu'elles ont pu en retirer. Quant aux tiers, comme le prêteur, qui n'ont en aucune façon participé au contrat de mariage, ils demeurent sous l'empire du principe rationnel de l'article 1165; les conventions des époux ne peuvent nuire aux droits qu'ils ont pu acquérir, elles ne les lient point et ne leur sont point opposables (argt. art. 1401 1°, *in fine*).

On ne peut, du reste, voir une modification des conventions matrimoniales postérieure au mariage dans la reconnaissance d'un prêt antérieur à cette époque. Il faut bien remarquer, en effet, que cette reconnaissance ne crée pas le prêt; elle le suppose contracté déjà, précisément avant le contrat de mariage ; elle n'est qu'un moyen de preuve, un aveu extrajudiciaire d'un acte antérieurement créé. Le prêt, dont l'existence est une contradiction avec le contrat de mariage, existait donc avant ce contrat ; or, c'est lui seul, et non point la reconnaissance, simple moyen de preuve, qui donne l'action contre la femme. Celle-ci ne peut, du reste, contester la date de son obligation, car sa reconnaissance la lie, et l'article 1328 ne peut être invoqué par elle contre son créancier.

Il faut donc bien se garder d'exagérer la portée de l'argumentation fournie par la Cour de Limoges. Si elle a pu faire application de l'article 1395 à la reconnaissance de prêt faite par les époux, c'est qu'elle a constaté que cette reconnaissance était en fait contraire à la vérité (c'est la raison vraie qui devait justifier sa décision), qu'il n'y avait eu en réalité aucune espèce de prêt, mais une simple donation manuelle de la part de celui qui s'est ensuite frauduleusement fait attribuer le titre de prêteur, et qui pouvait être considéré comme représenté dans le contrat à titre de donateur autorisant par une sorte de mandat la femme à se constituer en dot les valeurs reçues par elle. Mais si les valeurs ont réellement été fournies à titre de prêt et non de donation, même avec connaissance du motif qui faisait emprunter la femme, celle-ci demeure obligée à la restitution, malgré la déclaration du contrat de mariage et la reconnaissance qu'elle a pu faire du prêt. Ici sont inapplicables, on nous permettra d'insister sur ce point pour dissiper toute incertitude, soit l'article 1395 inefficace contre les tiers étrangers aux conventions matrimoniales, soit les articles 1131 et 1133, puisqu'on n'invoque comme illicite que le motif du contrat et non sa cause, et qu'on ne pourrait du reste considérer comme ayant un but illicite et contraire à l'article 1395 un acte fait en dehors de la portée de cet article.

Le prêt fait à une femme en vue de son mariage avec un officier, pour lui permettre de parfaire la dot nominative réglementaire, est donc absolument valable et efficace, malgré la déclaration nécessaire du contrat de mariage que les valeurs apportées *n'ont point été empruntées*, et la connaissance que le prêteur a pu avoir du but frauduleux de l'emprunt. Cela est maintenant évident et du reste juste et équitable, malgré la violation des règlements ; aucun texte ayant force obligatoire ne prohibant des prêts faits dans de pareilles conditions, le prêteur, même de mauvaise foi, n'a pu entendre se dépouiller irrévocablement de ses deniers, mais seulement les livrer à charge de restitution.

Il nous reste maintenant à étudier la situation juridique intéressante faite à ce prêteur, à l'égard des époux, par la déclaration du contrat de mariage *qu'il n'y a pas eu de prêt*, et à examiner les modifications que ladite déclaration apporte aux règles ordinaires du régime matrimonial adopté.

II

I. — Régime de communauté.

Nous distinguerons, avec les articles 1409 1°, et 1410, suivant que le prêt aura ou n'aura pas acquis date certaine avant le mariage.

Première hypothèse. — Le prêt a reçu date certaine avant le mariage.

Pour se rendre un compte exact de la situation faite

aux époux, soit dans leurs rapports avec le tiers prêteur, soit dans leurs rapports respectifs, par la déclaration du contrat de mariage *qu'il n'y a pas eu de prêt* combiné avec le régime adopté, il faut prendre pour point de départ la distinction fondamentale de l'*obligation* et de la *contribution aux dettes*.

Quant à l'*obligation à la dette* résultant de l'emprunt, c'est-à-dire à la portée de l'action du prêteur contre les époux, il faut appliquer purement et simplement les articles 1409 1° et 1410. Les époux ayant adopté les règles de la communauté légale, la dette contractée par la femme, puisqu'elle a date certaine avant le mariage, tombe dans la communauté ; le prêteur peut donc en poursuivre le payement, non-seulement sur les biens propres de la femme, mais encore sur les biens communs et même sur ceux du mari.

Il en serait cependant autrement, si des termes du contrat de mariage on pouvait conclure que les époux n'ont pas adopté le régime de la communauté légale, mais, pour le compte de la femme, le régime spécial de communauté conventionnelle connu sous le nom de *clause d'apport d'objets déterminés* (art. 1501 et suiv.), lequel entraîne indirectement réalisation du mobilier présent autre que les objets apportés et séparation des dettes antérieures au mariage (art. 1511) ; par suite de ce régime particulier, le prêteur n'aurait d'action que contre la femme, la séparation de dettes admise par les époux étant, quoique tacite, opposable aux créanciers. — Il faudra du reste pour cela, que l'intention de la femme d'apporter en communauté les seuls biens constituant sa dot réglementaire soit bien claire et bien formelle, sinon les règles ordinaires de la communauté légale et de droit commun reprendront leur empire.

La dette une fois payée au créancier, il reste à déterminer comment les époux doivent, en définitive, la supporter et pour quelle part, c'est-à-dire à fixer les règles de la *contribution à la dette* dans les rapports des époux entre eux.

Si la femme s'était mariée avec clause d'apport, il n'y aura pas lieu à contribution dans le cas où elle aura seule payé. Mais, si la dette a été en fait acquittée des deniers communs ou des deniers personnels du mari, la femme en devra récompense pour la totalité. (Art. 1511.)

Si le régime adopté est celui de la communauté pure et simple, les principes généraux de ce régime pour la contribution aux dettes posée par les articles 1485 et 1486 conduiraient à la répartition suivante : le mari supportera, en cas d'acceptation de la communauté par la femme, la moitié de la dette et même une portion plus considérable si la femme a usé du bénéfice de l'article 1483; en cas de renonciation, il en supportera la totalité.

Mais ne doit-on pas voir, dans les rapports des époux, c'est-à-dire au point de vue de la *contribution aux dettes*, une modification à ces principes, dans la déclaration du contrat de mariage portant que *les biens et valeurs apportés par la femme n'ont été empruntés ni en totalité ni en partie* ?

Cette déclaration doit évidemment être considérée comme constituant ce qu'on appelle une clause de *franc et quitte* quant à la dette résultant de l'emprunt, et tombe sous l'application de l'article 1513. La déclaration du contrat de mariage ne signifie pas seulement, en effet, qu'en réalité il n'y a eu aucun emprunt contracté; elle doit, à l'égard du mari, être interprétée en ce sens que, l'emprunt eût-il été réalisé contrairement au vœu

des instructions ministérielles, la femme lui apporte les
biens promis libres, francs et quittes de la dette qui en
résulte, absolument comme si le prêt n'avait pas eu lieu.
C'est donc là la clause prévue par l'article 1513, mais
restreinte à la seule dette résultant du prêt et ne s'ap-
pliquant pas à celles qui peuvent peser, pour d'autres
causes, sur la femme. Cette clause n'empêche pas la dette
de tomber en communauté, pour l'*obligation* envers le
créancier et le droit de poursuite de celui-ci ; mais, pour
la *contribution* entre les époux, elle donne au mari un
recours en récompense pour la totalité du capital et des
intérêts même échus pendant le mariage, recours qui
s'exercera sur la part de communauté et les biens propres de la femme, seulement à la dissolution de la communauté [1].

Si les parents de la femme ont participé à la déclaration mensongère d'absence d'emprunt, le mari, qui a payé
le prêteur avec les deniers communs, a de plus, contre les
constituants, le recours subsidiaire dont parle l'article 1513, et peut l'exercer même pendant le mariage.

*Seconde hypothèse. — Le prêt n'a pas acquis date
certaine avant le mariage.*

Le créancier n'a, dans ce cas, aucune action contre la
communauté, et son gage est restreint à la nu-propriété
des propres de la femme. (Art. 1410, al. 2.)

Cependant cet article ajoute que, si le mari consent à
payer cette dette, il n'a droit contre sa femme à *aucune
récompense,* parce qu'il reconnaît, par l'exécution volontaire qu'il en a faite, que la dette avait été réellement
contractée par la femme à l'époque où elle était capable,
c'est-à-dire avant le mariage.

1. Req. rej., 27 mai 1879, P., 1830, 1009.

Faut-il étendre cette décision à notre espèce, pour le cas où l'officier aura, après le mariage, volontairement payé l'emprunt des valeurs dotales ou aura reconnu avec sa femme la validité de cet emprunt? Le motif que nous venons de donner à la disposition de l'article 1410 et ce que nous avons dit pour l'hypothèse précédente nous obligent à décider que le mari conserve son droit à récompense; l'article 1410 n'a point pour but de dénier d'une façon absolue ce droit au mari; il déclare seulement que le payement purement volontaire, dont le mari n'était pas tenu, parce que la dette de la femme n'avait pas date certaine antérieure au mariage, ne suffit pas pour lui permettre de prétendre à une récompense, si d'ailleurs il n'y eût pas eu droit, en supposant à cette dette la date certaine qui lui manque; le payement volontaire par le mari est simplement une reconnaissance tacite de la date antérieure au mariage et produit exactement les mêmes effets que l'existence effective de cette date. Dès lors, si, comme dans l'espèce, la dette ayant date certaine ne tombe dans la communauté que sauf récompense, le droit à récompense continue d'exister au profit du mari, lorsqu'il a spontanément reconnu la date vraie par le payement volontaire.

II. — Régime sans communauté.

Sous ce régime, le mari est usufruitier des biens de sa femme, mais les patrimoines des époux sont absolument distincts. Le mari n'est donc jamais tenu de payer les dettes de sa femme. Cependant, dans l'opinion qui prévaut[1], les créanciers de celle-ci dont les titres ont date

1. Laurent, *Principes de droit civil*, XXIII, nº 426. — Aubry et

3

certaine avant le mariage peuvent poursuivre leur payement sur la pleine propriété des biens de leur débitrice et sacrifier ainsi les droits du mari sur ces biens. Ici encore les rapports du mari et de la femme seront modifiés par la déclaration du contrat de mariage portant absence d'emprunt et produisant les effets d'une clause de *franc et quitte*. Cette clause, qui peut être jointe au régime exclusif de communauté[1], donnera au mari un droit à récompense contre sa femme pour le préjudice que lui a causé l'action du prêteur.

Si l'emprunt n'a pas acquis date certaine avant le mariage, l'action du prêteur sera restreinte à la nu-propriété des biens de la femme et ne pourra atteindre le mari, sauf le cas où il aura volontairement souffert l'exercice de cette action, cas où il a droit à récompense.

Du reste, le mari, usufruitier des biens personnels de la femme (art. 1530), supportera seul les intérêts de la dette propre à celle-ci. (Argt., art. 1533, cbn. 612.)

III. — Régime de séparation de biens.

La femme seule peut être poursuivie par le créancier prêteur, et la clause d'absence de prêt sera dénuée de toute utilité, tant à l'égard du créancier qu'à l'égard du mari.

Rau, § 531, texte, n° 2, lettre C, notes 21 et 22, et les autorités qu'ils citent. — *Contrà* Marcadé, sur les articles 1529 à 1532, n° 4.

1. Quoique le Code civil range la clause de *franc et quitte* parmi les clauses de communauté conventionnelle, que les époux ont écartée dans leur contrat en stipulant l'exclusion de communauté, ces deux régimes peuvent cependant se combiner, à raison de la liberté laissée aux époux par leurs conventions matrimoniales. Cf. Pothier, *Traité de la communauté*, n° 378; Aubry et Rau, § 527, note 1, et les autorités qu'ils citent.

IV. — Régime dotal.

L'inaliénabilité des biens dotaux n'est pas un obstacle à la poursuite des créanciers même chirographaires, pourvu que leurs titres soient antérieurs au contrat de mariage. (Arg. art. 1558, al. 4.)

Si donc l'emprunt des valeurs dotales fait par la femme mariée à un officier a une date certaine antérieure au contrat de mariage, le prêteur pourra poursuivre le payement de sa créance sur les biens dotaux, malgré leur inaliénabilité.

Mais pourra-t-il exercer son action sur la pleine propriété et atteindre par là le droit d'usufruit du mari ? ou bien sera-t-il obligé de respecter ce droit et de restreindre son action à la nu-propriété ?

Une distinction est nécessaire sur ce point, suivant l'étendue de la constitution de dot :

1º La constitution est-elle générale et porte-t-elle sur l'universalité des biens de la femme, le mari sera obligé personnellement de supporter le payement sur son droit d'usufruit (arg., art. 1562, cbn. 612), et le prêteur pourra faire vendre le bien dotal sans tenir compte de la jouissance du mari. Mais la clause du contrat de mariage, portant absence d'emprunt), doit toujours être considérée comme une clause de *franc et quitte,* qui peut, par suite de la liberté des époux de combiner les divers régimes offerts par le Code, être jointe au régime dotal. En conséquence, le mari aura droit à une indemnité qu'il pourra se faire payer par la femme sur les paraphernaux, sans préjudice du reste des intérêts de la dette qui restent à sa charge, comme compensation de sa jouissance.

2º Si, au contraire, la constitution de dot est à titre

particulier et ne porte que sur les biens déterminés apportés par la femme, le prêteur devra respecter le droit d'usufruit du mari et restreindre son action à la nu-propriété. La clause de *franc et quitte* n'aura donc pas d'application, sauf le cas où le mari renoncerait à tenir son droit à l'abri des poursuites du créancier et, dans l'intérêt de sa femme, permettrait l'expropriation de la propriété pleine et entière.

Après la séparation de biens et la dissolution du mariage, la femme reprenant la libre administration de ses biens, son créancier antérieur au contrat de mariage pourra poursuivre le payement sur la pleine propriété des biens dotaux.

A défaut de date certaine antérieure à cette époque, le prêteur est dénué de tout droit sur les biens dotaux, la dette étant censée créée après que ces biens ont été frappés d'inaliénabilité ; cette impossibilité de les saisir survit à la séparation de biens et même à la dissolution du mariage, d'après l'opinion généralement admise[1]. Les poursuites seront donc restreintes aux paraphernaux qui pourront être survenus à la femme.

Enfin, si nous supposons la dot constituée à la femme par ses parents, soit à titre universel, soit même à titre particulier avec hypothèque sur un des biens donnés pour garantir le prêt qui a servi à procurer les valeurs constituées, le prêteur pourra toujours, à la condition d'une date antérieure au contrat de mariage, saisir les biens dotaux pour la pleine propriété, et atteindre ainsi les droits du mari. Mais celui-ci sera protégé par la clause de *franc et quitte* résultant de la déclaration du contrat

1. Cf. Aubry et Rau, § 538, texte, n° 1, note 4 ; texte, n° 2, note 13, et les autorités qu'ils citent.

de mariage relative à l'absence d'emprunt ; il aura en conséquence un recours contre la femme, et subsidiairement contre les constituants.

Nous avons jusqu'à présent raisonné dans l'hypothèse d'un contrat de mariage régulier, portant, conformément au modèle rendu obligatoire par l'instruction du 3 avril 1875, la déclaration que *les valeurs apportées par la femme n'ont été empruntées ni en totalité, ni en partie.*

Si cette déclaration n'était pas insérée dans le contrat, son absence entraînerait celle de la clause de *franc et quitte,* dont nous venons d'étudier les suites. Les effets normaux et réguliers du régime adopté en principe par les époux se produiraient donc, et la dette résultant de l'emprunt suivrait le sort des dettes ordinaires de la femme présentant les mêmes caractères.

La conséquence la plus immédiate en serait que, sous les régimes où le mari pourra être atteint par le prêteur, il n'aura aucun droit à récompense contre sa femme.

La seule sanction à cette irrégularité sera une peine disciplinaire contre le notaire négligent qui ne s'est pas conformé pour la rédaction au modèle rendu obligatoire par l'instruction ministérielle du 3 avril 1875.

CONCLUSION

L'étude qui précède nous a montré les efforts tentés
par l'administration de la guerre pour protéger, dans
l'intérêt général de l'armée, les officiers qui en font partie contre des entraînements irréfléchis ou des manœuvres captatoires aboutissant à des unions mal assorties et
généralement malheureuses ; ces efforts sont cependant
encore incomplets, et nous avons vu l'insuffisance de la
dernière instruction ministérielle du 3 avril 1875, lorsqu'elle se borne à exiger d'une part *un apport nominatif*, et d'autre part l'*affirmation sur l'honneur que cet
apport n'a été emprunté ni en totalité ni en partie*. —
Il y a là certainement un véritable progrès sur l'état de
choses antérieur : tandis qu'une fraude, auparavant trop
fréquente, est devenue absolument impossible, celle con-
sistant à se procurer un apport souvent illusoire au
moyen d'un emprunt, quoique toujours juridiquement
facile, est devenue moralement moins aisée et pratiquement plus rare. Ce n'est pas en vain, en effet, que le ministre s'est adressé à cet honneur et à cette loyauté qui
furent toujours une des gloires et une des vertus de notre
armée : il a pensé avec raison, comme le législateur
pour l'établissement du serment, qu'on peut souvent arra-
cher des hommes une vérité contraire cependant à leurs

intérêts, en faisant appel aux sentiments élevés inhérents à notre nature.

Mais, de même que l'appel fait à ces sentiments par la délation du serment n'empêche pas le parjure, de même l'appel à l'honneur peut ne pas empêcher une déclaration mensongère, dont le plus souvent l'officier sera, non le complice, mais la dupe.

Nous avons vu que, malgré cela, les droits du prêteur n'en sont pas moins efficaces, et s'ils éprouvent un certain tempérament en faveur du mari, ils n'arrivent pas moins à diminuer l'apport jugé cependant nécessaire.

Une nouvelle réforme est-elle désirable sur ce point ? Peut-on rendre enfin la fraude impossible, et par quels moyens y parviendra-t-on ? — Notre appréciation sur ce point nous a paru être la conclusion nécessaire de notre étude, et ce n'est qu'à ce titre que nous nous permettons de la proposer à l'attention et à la critique de ceux que nous aurons pu convaincre de l'intérêt de cette question.

Le moyen le plus efficace et le plus radical pour prévenir la fraude que nous avons signalée serait, sans contredit, de prohiber absolument les prêts faits dans le but de constituer un apport qui présente les dehors et les conditions extérieurs prescrits par les règlements, sans en avoir la valeur réelle : la dénégation de toute action au prêteur serait certainement la sanction la plus simple et la plus complète; son utilité même ne semblerait pas douteuse, puisque l'observation des règlements est considérée comme de l'intérêt général de l'armée.

Cependant il nous paraît qu'une pareille dénégation d'action au prêteur serait à la fois juridiquement difficile et pratiquement fort dangereuse.

Si l'on cherche, en effet, à sauvegarder soigneusement les intérêts des officiers et de l'armée, ne doit-on pas aussi respecter ceux du prêteur, qui ignore la destination des fonds empruntés et pourra même difficilement la connaître, lorsque les parties, intéressées à la lui cacher pour réaliser leur fraude, se refusent à la lui déclarer? Ne doit-on pas considérer, qu'en pratique, les bailleurs de fonds ne se préoccupent nullement du motif qui porte l'emprunteur à contracter, que ce motif est insaisissable parce qu'il peut être aisément dissimulé, et que le prêteur n'a même pas à le rechercher? La loi n'annule l'action du prêteur que pour vice de la *cause* et non du *motif*, et quelque illégal, quelque répréhensible que soit ce *motif*, le prêteur, qui a réellement livré la somme empruntée, peut la recouvrer; le prêt n'en est pas moins valable. — Il était difficile qu'il en fût autrement : obliger le prêteur, sous sa responsabilité, de rechercher le motif de l'emprunt et l'emploi futur de la somme demandée, serait rendre les prêts tellement dangereux qu'ils seraient presque impossibles.

Comment réaliser, du reste, juridiquement une pareille réforme? — Une simple circulaire ministérielle est insuffisante, puisqu'elle n'a aucun effet obligatoire pour les citoyens. Un décret ne serait pas plus efficace : il ne s'agit de rien moins que de porter atteinte à des principes fondamentaux consacrés par le Code civil comme base rationnelle de la théorie des obligations. On ne peut, en effet, rendre inefficace l'action du prêteur qu'en annulant sa créance pour illégalité du *motif*; or le Code civil pose en principe que l'illégalité de la *cause* est seule un cas de nullité et que celle du *motif* est absolument indifférente. Un simple décret serait donc insuffisant pour modifier les principes consacrés par la loi. Une loi spéciale serait nécessaire ; mais les considérations que nous avons fait valoir et une législation constante de plusieurs siècles adoptée par le Code civil suffisent à démontrer combien une modification à ces principes rationnels serait dangereuse.

On ne peut donc songer à rendre inefficaces les emprunts contractés au mépris des règlements militaires. Faut-il cependant désespérer d'empêcher les fraudes commises et possibles aujourd'hui, et en est-on réduit à s'en remettre à la bonne foi et à l'honorabilité des parties?

Nous croyons qu'on pourrait utilement entrer plus avant dans la voie des réformes inaugurées en 1875. — La circulaire du 3 avril de cette année a restreint la liberté des parties en prohibant les apports en argent comptant et en valeurs au porteur, parce que l'administration chargée d'autoriser le mariage de l'officier postulant ne pouvait pas s'assurer, avec assez de certitude, de la propriété effective de ces biens. On a exigé des valeurs appartenant nominativement à la future épouse : c'est un progrès. Nous avons vu qu'il n'était pas suffisant, et la cause de cette insuffisance n'est autre que l'absence de connaissance donnée à l'autorité sur la provenance de ces biens et valeurs.

Le jour où la future sera obligée d'indiquer à l'administration la provenance de son apport, tant dans la déclaration d'apport que dans le contrat de mariage définitif, l'autorité pourra plus facilement découvrir ou tout au moins soupçonner la fraude. Cette obligation ne serait pas trop onéreuse, puisqu'il s'agit de valeurs nominatives et qu'il sera en général facile d'établir l'acte qui aura servi à leur acquisition. Il est vrai que ces biens pourront être acquis au moyen de sommes empruntées dans un but frauduleux, et qu'il est souvent difficile de fixer la provenance des sommes d'argent. Cette néces-

sité peut donc, au premier abord, paraître rigoureuse et
vexatoire ; mais n'est-elle pas le moyen le plus sûr d'affirmer l'honorabilité de la future en contrôlant et justi-
fiant la déclaration par elle faite sur l'honneur, et, par
là, ne rentre-t-elle pas dans les vues des circulaires qui
se préoccupent avec souci de la moralité des familles
auxquelles les officiers désirent s'allier? Du reste, ne
rencontre-t-on pas souvent des obligations de ce genre,
même pour de simples sommes d'argent et des valeurs
au porteur, soit en matière civile, soit en matière fiscale,
sans que cependant les intérêts privés aient réellement
souffert de ces nécessités ? — Dans tous les cas, lorsque
la future n'établira pas suffisamment la source de ces
sommes et que, d'autre part, l'acquisition qui aura été
faite par elle de valeurs nominatives se sera réalisée à
une époque voisine du mariage, les soupçons de l'autorité
seront éveillés; elle sera avertie que l'argent peut prove-
nir d'un emprunt frauduleux et refusera souvent avec
raison l'autorisation du mariage.

Le progrès qu'on peut justement réaliser dans la voie
des restrictions à la liberté des futurs époux consistera
donc à obliger la femme qui désire épouser un officier à
établir, dans la déclaration d'apport et le contrat de
mariage définitif rédigé quant à ce dans des termes
identiques, la provenance des biens et valeurs constituant son apport nominatif, ainsi que l'époque de leur
acquisition, et, si cette acquisition s'est réalisée au moyen
de sommes d'argent, à produire également la justification de leur origine. Il est du reste bien entendu que l'administration supérieure conserve toujours son pouvoir
d'appréciation souverain et demeure libre de refuser
l'autorisation, même lorsque les prescriptions réglementaires sont accomplies, si elle ne juge pas opportune

l'union projetée [1]. Ce qu'il importe d'obtenir, c'est que l'autorité soit complétement éclairée, et l'on ne pourra réaliser ce résultat qu'en exigeant, par une nouvelle circulaire, les preuves et justifications que nous venons de mentionner.

Les moyens qui doivent servir à opérer cette réforme doivent être, à notre avis, de la même nature que ceux déjà employés, la voie des circulaires s'adressant à une certaine classe de fonctionnaires, en leur seule qualité de subordonnés du ministre. On ne doit pas perdre de vue, en effet, que les officiers, placés sous l'autorité du ministre de la guerre ou de la marine, réunissent en leur personne la double qualité de subordonnés hiérarchiques de ce fonctionnaire supérieur, et de citoyens; qu'en conséquence, si l'on peut imposer certaines conditions restrictives à leur mariage et à leurs conventions matrimoniales à raison de leur qualité d'officiers de l'armée de terre ou de mer, ces restrictions ne peuvent produire d'effets que dans les rapports de ces personnages avec l'autorité supérieure, et ne peuvent modifier leurs relations particulières avec les tiers, ni survivre à leur qualité d'officiers. Les circulaires sont donc les seuls actes par lesquels on puisse ainsi modifier raisonnablement cette liberté, puisqu'elles présentent le double avantage de n'obliger que le fonctionnaire envers son supérieur hiérarchique, en respectant ses actes avec les autres citoyens.

Si l'autorité a le droit de se protéger contre les fraudes organisées pour méconnaître ses volontés, elle ne le peut qu'en fortifiant ses moyens d'investigations, sans détruire

---

1. Cf. circulaire du ministre de la guerre, en date du 21 août 1852; le texte en est rapporté dans la *Revue du notariat et de l'enregistrement, l. c. suprà* (1875, pp. 454-462).

par des nullités et des fins de non-recevoir, les droits acquis. Les procédés absolus produiraient, au point de vue du crédit et de la facilité des transactions, des conséquences bien plus fâcheuses que la violation de dispositions dont l'intérêt privé des parties contractantes contribue du reste à assurer le respect.

GEORGES VIDAL

Professeur agrégé à la Faculté de Droit de Toulouse.

Toulouse, imprimerie DOULADOURE-PRIVAT, rue Saint-Rome, 39. — 362

www.ingramcontent.com/pod-product-compliance
Lightning Source LLC
Chambersburg PA
CBHW060738280326
41934CB00010B/2274